Herzarbeit
Heartwork

Edition Schaffer im Kreuz Verlag

Heartwork

To live a fulfilled life, we have to do heartwork. It is not enough to work only with one´s body or only with one´s head. Without the work of the heart something important will not get done.

The heart works out the disappointments, the surprises, the difficulties, which we encounter. It is not enough to forgive with the head only. If we don´t forgive with the heart, we will not experience freedom. The head alone does not open communication to others. The body alone cannot overcome what separates us. Without heartwork we will not understand many things.

The heart stands for our whole being, for our existence, for our whole person. It is this whole person that is required if we want to be truly alive. If we live only in our head, we will die in our head. If we live only in our bodies, we will be disappointed by the one-dimensionality of the body. When we add the heart, our head and body become more colourful and alive.

This volume is bilingual, English and German, the two languages in which I live. I wrote the poems in one language and then transcribed them into the other. Sometimes I discovered something in the new language and tried to incorporate it in the original language of the poem. It was the attempt, to get closer to that part in me, which wanted to be expressed and to use both languages to accomplish that.

There is a third language, which I tried to find in each text: the language which does not use the syntax

Ulrich Schaffer

Herzarbeit • Heartwork

Herzarbeit

Erfüllt zu leben erfordert, Herzarbeit zu leisten. Es genügt nicht, nur mit dem Körper zu arbeiten oder nur mit dem Kopf. Ohne die Arbeit mit dem Herzen bleibt etwas Entscheidendes ungetan.
Das Herz verarbeitet die Enttäuschungen, die Überraschungen, die Schwierigkeiten, die uns begegnen. Es reicht nicht aus, nur mit dem Kopf zu vergeben. Wenn wir nicht mit dem Herzen vergeben, werden wir keine Freiheit erfahren. Der Kopf allein macht die Wege zum Mitmenschen nicht frei. Der Körper allein kann nicht überwinden, was uns trennt. Ohne Herzarbeit werden wir vieles nicht verstehen.
Das Herz steht für unser ganzes Wesen, für unser Sein, für unsere ganze Person. Die ist gefordert, wenn man lebendig sein will. Wer nur im Kopf lebt, stirbt im Kopf. Wer nur für den Körper lebt, wird enttäuscht von der Eindimensionalität des Körpers. Wo wir das Herz dazunehmen, werden Kopf und Körper bunter und lebendiger.
Dieser Band ist zweisprachig, englisch und deutsch, in den zwei Sprachen geschrieben, mit denen ich lebe. Ich habe die Gedichte jeweils in einer Sprache geschrieben und dann in die andere übertragen. Dabei ist mir oft etwas in der neuen Sprache aufgefallen, und ich habe versucht, es in die Originalsprache aufzunehmen. So sind alle Texte miteinander verwoben. Ich habe versucht, auf diesem Wege nah an das heranzukommen, was in mir ausgedrückt werden will, und dazu beide Sprachen zur Hilfe zu nehmen.
Es gibt eine dritte Sprache, die ich in jedem Text suchte: die Sprache, die sich nicht allein in der Syntax

of either German or English, but always wants to transcend words, because it originates in an inner movement. It is the language of the heart, which is always the concern of poetry.
I spent more than four fifths of my life in and between two languages. When I emigrated to Canada with my parents and siblings at the age of ten, and we searched for a new home in this country, I did not know, that one day language and metaphors would become a home for me. Often I have felt the best when I found words for my inner circumstances – it did not matter where I lived geographically or how. It was more important to have keys that opened the world to me.
Often we do not honor the heartwork of a person. We expect of ourselves and others to just tuck away the work of the heart and soul, as if this work were easier than the work of the body. With this volume of poetry I at least want to mention it and let my readers see my heartwork.
In this volume there are a number of poems that talk about living by the sea. We moved to Gibsons a few months ago, a place by the ocean that can only be reached by ferry. It is part of my heartwork to discover this place, to describe it and to make it my home.

Ulrich Schaffer *Gibsons, in the fall of 1997*

von Deutsch oder Englisch bewegt, die immer über Worte hinaus will, weil sie aus innerer Bewegung entsteht. Es ist die Sprache des Herzens, um die es bei Gedichten immer geht.
Ich habe mehr als vier Fünftel meines Lebens in und zwischen zwei Sprachen verbracht. Als ich im Alter von zehn Jahren mit meinen Eltern und Geschwistern nach Kanada auswanderte und wir in dem neuen Land versuchten, eine Heimat zu finden, ahnte ich nicht, dass mir einmal Sprache und Sprachbilder zur Heimat werden würden. Oft habe ich mich am wohlsten gefühlt, wenn ich Ausdrücke für meine inneren Zustände fand – da war es dann nicht mehr so wichtig, wo und wie ich lebte. Wichtiger war es, Schlüssel zu haben, die mir die Welt erschlossen.
Nicht oft ehren wir die Herzarbeit eines Menschen. Wir erwarten von uns selbst und anderen, dass wir die Arbeit des Herzens, der Seele, einfach bewältigen, als wäre sie leichter als die Körperarbeit. Mit diesem Band möchte ich sie zur Sprache bringen und meine Leser teilnehmen lassen an meiner Herzarbeit.
In diesem Buch gibt es eine ganze Reihe von Gedichten, die vom Wohnen am Meer handeln. Wir sind vor einigen Monaten nach Gibsons umgezogen, einem Ort, der am Meer liegt und nur mit einer Fähre zu erreichen ist. Es gehört zu meiner Herzarbeit, diesen neuen Lebensort zu entdecken, ihn zu beschreiben und mich an ihm heimisch zu machen.

ulrich schaffer

Ulrich Schaffer *Gibsons, im Herbst 1997*

Einige Schlüssel
Some of the Keys

Fleeting moment

You are standing on the road at dusk,
unable to decide.
In you one thing frees itself from the other.
You stand still,
not to influence the battle in you.
Suddenly the street lights go on,
as if they had known of your darkness.
In their light it becomes clear
that the night is falling slowly, inexorably.

Like a twitch the recognition runs through you,
that you could love yourself, unconditionally,
as though you had fallen totally for yourself.
Perhaps you could love yourself as god does.
But precisely at that moment you walk on,
you ignore yourself and imprison yourself
with the things that make you small.
So quickly the moment,
that could have changed you forever, is gone.

In the darkening sky
you see a dove fly away.
Its soft plumage carries off
what might have been.

So schnell ist der Moment vorbei

Du stehst auf der Straße in der Abenddämmerung
und kannst dich nicht entscheiden.
Noch kämpft sich in dir das eine vom andern frei.
Du stehst ganz still,
um den Kampf in dir nicht zu beeinflussen.
Da gehen plötzlich die Straßenlaternen an,
als hätten sie von deiner Dunkelheit gewusst.
In ihrem Licht wird deutlich,
dass die Nacht langsam, aber unaufhaltsam fällt.

Wie ein Zucken durchfährt es dich in dem Moment,
dass du dich lieben könntest,
bedingungslos, wie ein dir selbst Verfallener.
Vielleicht wie Gott.
Aber du gehst weiter,
übersiehst dich und nimmst dich gefangen
mit den Dingen, die dich klein machen.
So schnell ist der Augenblick vorüber,
der dich für immer verändert hätte.

Im dunkelnden Himmel
siehst du eine Taube davonfliegen.
Ihr weiches Gefieder trägt das,
was hätte sein können, davon.

The key

We are standing before locked doors,
we knock, we pound.
We sense movement behind the firm wood.
We pray for the key to fall from heaven,
but only night falls.

Only when we fit our heart
into the lock,
does the door open.

Der Schlüssel

Wir stehen vor verschlossenen Türen,
wir klopfen, wir pochen.
Wir ahnen die Bewegung hinter dem festen Holz.
Wir beten, der Schlüssel möge vom Himmel fallen,
aber es fällt nur die Nacht.

Erst wenn wir unser Herz
in das Schloss einpassen,
öffnet sich die Tür.

Wild and gentle

We have grown accustomed
to always think the restriction around us.
Our thoughts are carpenters
building a cage.
They plane the wood,
they measure and mark,
they drive the nails,
they sand the bars.

That is how we forget
that we are limitless,
we make a faith of our confinement,
in which only the world of a cage has room.

That is how we lose the radiance from our eyes,
that is how we become tired,
that is how we put our yearning on a chain.
We create a truth
which we are not,
and which only mirrors our fear.

That is how we become wilder and wilder inside,
and more and more gentle on the outside,
until we are lost in the chasm
between inside and outside.

Immer wilder, immer sanfter

Wir haben uns angewöhnt,
die Enge um uns immer mitzudenken.
Unsere Gedanken sind Schreiner,
die an einem Käfig zimmern.
Sie hobeln die Hölzer,
sie messen und markieren,
sie treiben die Nägel,
sie schmirgeln die Stäbe.

So vergessen wir,
dass wir grenzenlos sind,
und machen aus unserer Enge einen Glauben,
in dem nur die Welt des Käfigs Platz hat.

So verlieren wir das Leuchten aus den Augen,
so werden wir müde,
so legen wir unsere Sehnsucht an die Kette
und schaffen eine Wahrheit,
die wir nicht sind
und die nur unsere Angst spiegelt.

So werden wir innen immer wilder
und außen immer sanfter,
und verkommen in dem Abgrund
zwischen innen und außen.

A red thread

I am sinking into my past,
into ways not walked,
into thoughts that set snares,
wiry, thin and hard,
into my unchangeable nature
with its spots and glowing eyes,
into the yearning of the soul
with its bottle-green colour.

I can´t find the door.
Memory breaks me
and forbids me to find the meaning,
which I believed in, like one drowning.
I am sinking to the floor of the sea,
not buoyed up by the water any longer,
and my friends, the fish,
do not lend me their gills.

But with the power
and perhaps with the violence of my will
I do find the threads
that connect everything to everything,
and already I am rising again,
climbing up the ladder of bubbles
into happiness,
into the air, that expands my lungs
to the bursting point.
Now I will find my way
through shame and mercy,
through hard rock and soft flesh.

Der rote Faden

Ich versinke in meiner Vergangenheit,
in den ungegangenen Wegen,
in den Gedanken, die Schlingen legen,
drahtig, dünn und hart,
in der Unabänderlichkeit meines Wesens,
mit seinen Flecken und glühenden Augen,
in der Sehnsucht der Seele
in ihrem Flaschengrün.

Ich finde die Tür nicht.
Überall bricht mich die Erinnerung
und verbietet mir, den Sinn zu finden,
an den ich geglaubt habe wie ein Ertrinkender.
Schon sinke ich auf den Meeresgrund,
werde nicht mehr getragen vom Wasser,
und meine Freunde, die Fische,
leihen mir ihre Kiemen nicht.

Aber mit der Kraft
und vielleicht mit der Gewalt
meines Willens finde ich die Fäden,
die alles mit allem verbinden.
Und schon steige ich wieder auf,
klettere an den Blasen empor,
hinein in das Glück,
in die Luft, die meine Lunge
zum Zerreissen erweitert.
Jetzt finde ich meinen Weg
durch die Schande und das Erbarmen,
durch harten Stein und weiches Fleisch.

I knot and tie,
I knit and weave
the blanket, that will cover me.
In the fibres – like rust, like blood –
the red thread appears
and I follow it, as if it were an arrow
carrying the target in itself.

Ich knote und knüpfe,
ich stricke und webe
die Decke, die mich bedecken wird.
In den Fasern – wie Rost, wie Blut –
erscheint der rote Faden,
dem ich folge wie einem Pfeil,
der das Ziel in sich trägt.

Heading out to sea

The wide open spaces
of sea and sky in the evening,
the colors shifting,
– more blue in the water, more gold in the sky –,
are a balm to the heart´s maze,
in which I cross paths with myself
and do not recognize the man with the greying hair,
stripped of the wisdom he once had,
quietly becoming lighter, beginning to float,
and aware that every vision must include death
to be complete.

I come upon myself
like meeting a stranger,
who turns out to be an acquaintance.
I recognize myself
with a tenderness I always had for the lost.

My name floats out to sea,
and only a golden filigree design of me remains,
– in slight relief on a black wave.
And so I head out,
to where all souls mingle
and exchange breaths,
as they return to the one breath,
that exhaled them all.

In See stechen

Die offenen Räume
der See und des Himmels am Abend,
die sich verschiebenden Farben,
mehr Blau im Wasser, mehr Gold im Himmel,
sind Balsam für den Irrgarten des Herzens,
in dem ich mir selbst begegne
und den Mann mit dem grauen Haar nicht erkenne.
Er hat die Weisheit, die er einmal hatte, verloren,
er wird leichter, beginnt zu schweben, begreift,
dass jede Vision den Tod einschließen muss,
wenn sie vollkommen sein will.

Ich treffe auf mich,
wie man einem Fremden begegnet und
in ihm einen Bekannten entdeckt.
Ich erkenne mich selbst mit der Zärtlichkeit,
die ich immer für die Verlorenen empfand.

Mein Name treibt aufs Meer hinaus,
und nur ein filigranes goldenes Muster
– in leichtem Relief auf einer schwarzen Welle –
bleibt von mir zurück.
So begebe ich mich aufs Meer,
dorthin, wo alle Seelen sich vermischen
und den Atem tauschen,
während sie zu dem einen Atemzug zurückkehren,
der sie alle ausgeatmet hat.

GodThoughts

Like a dark river,
like the forest
set ablaze by the rising sun,
like the frightened hand
that cannot protect itself,
like the fullness of night
overflowing from one room
to the other,
like the white script
on a white sheet of paper,
that is how the GodThoughts are,
that move through me.
With my whole being I think
what thinks me.

GottesGedanken

Wie ein dunkler Fluss,
wie der Wald,
den die aufsteigende Sonne in Brand steckt,
wie die erschrockene Hand,
die sich selbst nicht schützen kann,
wie die Fülle der Nacht,
die von einem Zimmer
ins andere überfließt,
wie die weiße Schrift
auf dem weißen Blatt Papier,
so sind die GottesGedanken,
die mich durchziehen.
Mit meinem ganzen Wesen denke ich,
was mich denkt.

Somewhere

You hear the falling of snow,
you sense the shift in the air.
You are looking for your name
in the disguised beech trees late in the year,
in the velvety breath of clouds,
in the exposed fibres of a fallen tree:
It is possible that you could find your name
spelled out in the bumpy alphabet
of natural things,
that it could be felt
in the silence and light
and among the names of the many
searching like you.

Our deepest yearning is nothing else
than to be meant
by someone, somewhere,
– and to finally count.

Irgendwo

Du hörst auf das Fallen des Schnees,
du spürst einen Wechsel in der Luft.
In den Herbstbuchen, die sich verkleiden,
in dem samtenen Hauch der Wolken,
in den Fasern des abgebrochenen Baumes
suchst du nach deinem Namen:
Es könnte sein, dass er lesbar wäre
in dem holprigen Alphabet
der natürlichen Dinge,
dass er spürbar wäre
in der Stille und dem Licht
und unter den Namen der vielen,
die so suchen wie du.

Nichts anderes ist unser tiefstes Sehnen,
als irgendwo, von irgendwem
gemeint zu sein
– und endlich zu zählen.

You, with your wings

You could fill
the empty window frame
with your shoulders, your neck and head.
You would just need to step out
of the darkness of your small room
and allow the light of the plains to fall on you,
– at the place where heaven and earth
constantly meet each other.

Behind your head the room
would seem even darker
in its smallness
and the radiance on your face
would seem otherworldly.
And in your shoulder blades,
– right where the joint of your wings sits –
you would feel a slight twitch,
and a feather would brush
across your cheeks.

It could happen,
it is possible,
and that is why I wish,
that you would step up to the window
to sense the inviting air.
It is only one step,
but it could be the hardest step
of your entire life.
Don´t do it for me.

Du, mit deinen Flügeln

Du könntest
den leeren Fensterrahmen füllen
mit deinen Schultern, deinem Hals und deinem Kopf.
Du bräuchtest nur aus der Dunkelheit
deines kleinen Zimmers zu treten
und das Licht der Ebene auf dich fallen zu lassen,
– dort, wo Himmel und Erde
sich unaufhörlich treffen.

Hinter deinem Kopf würde das Zimmer
in seiner Kleinlichkeit
dann noch dunkler erscheinen,
und das Leuchten auf deinem Gesicht
würde überirdisch wirken.
Und in deinen Schulterblättern
– da wo das Gelenk deiner Flügel sitzt –
würdest du ein leichtes Zucken spüren,
und über deine Wangen
würde eine Feder streichen.

Es könnte so geschehen,
es ist möglich,
und darum wünsche ich mir,
dass du ans Fenster trittst
und die einladende Luft spürst.
Es ist nur ein Schritt,
aber es könnte der schwerste Schritt
deines Lebens sein.
Tu ihn nicht meinetwegen.

The hand, that opened this book

It begins much closer than we think.
Gently it reaches out to you.
Take the chair, on which you sit,
it is standing in heaven.
Look at the window
and the piece of sky-blue,
that comes directly to you.
The air does not only surround you,
but through the smallest chambers
of your lung it brings oxygen
to your blood.
Have you looked at the hand
holding this book?
It has remained true to you,
perhaps more true, than you were to yourself.

We don´t need a sermon,
nor a philosophical discourse.
We don´t need to open books.
It is just happening. Here.
Do you have room for that?

Die Hand, die dieses Buch aufschlug

Es beginnt viel näher, als wir denken.
Sanft greift es nach dir.
Nimm den Stuhl, auf dem du sitzt,
er steht im Himmel.
Sieh dir das Fenster an
und das Stück Himmelblau,
das direkt zu dir kommt.
Die Luft umgibt dich nicht nur,
sondern durch die kleinsten Kammern
deiner Lunge trägt sie Sauerstoff
in dein Blut.
Hast du schon die Hand betrachtet,
die dieses Buch hält?
Sie ist dir treu geblieben,
vielleicht treuer, als du dir warst.

Wir brauchen keine Predigt,
keinen philosophischen Diskurs.
Wir brauchen die Bücher nicht aufzuschlagen.
Es geschieht gerade jetzt. Hier.
Hast du noch Raum dafür?

The earthiness of your lips

After a long search
they find your tracks at the edge of the forest,
your shoes in a clearing,
somewhere else your jacket and hat,
your golden bracelet in the brambles.

All your friends are participating in the search.
Not one of them can guess,
that you finally (how long had you planned it?)
want to become lost to all those fingers
that grab at you
without wanting to know who you are.

Now they can find you
in the black forest.
Let them feel your needles,
the plumage of your owls,
the night of your questions,
the earthiness of your lips.

Their speechlessness
will make you whole.

Die Erdigkeit deiner Lippen

Nach langem Suchen
findet man deine Spuren am Waldrand,
auf einer Lichtung dann deine Schuhe,
irgendwo deine Jacke und Mütze,
dein goldenes Armband in den Brombeerdornen.

Alle deine Freunde sind an der Suche beteiligt.
Keiner ahnt, dass du endlich
(wie lange hattest du es schon vor?)
verloren gehen wolltest für all die Hände,
die nach dir greifen,
ohne wissen zu wollen, wer du bist.

Jetzt können sie dich finden
in dem schwarzen Wald.
Lass sie deine Nadeln fühlen,
das Gefieder deiner Eulen,
die Nacht deiner Fragen,
die Erdigkeit deiner Lippen.

An ihrer Sprachlosigkeit
wirst du heil.

Leaving the boat

The notion that I am a stranger here,
with which I train myself to be alone,
is an illusion.
We drown so easily
in what we believe,
but we continue to believe it,
even if it means extinguishing ourselves.
Reality does not hold us up,
if we want to drown ourselves.

In the beginning
we have to walk on water in our head.
We have to embrace the foreign element
and love the gentle balance
between hovering and sinking.
When finally we step out,
the waves will become firm
and in the end we will avoid the coast,
because dry land does not challenge
the water-hiker any longer.

To walk on water,
we must leave the boat.

Das Boot verlassen

Meine Fremdheit hier,
mit der ich mich zur Einsamkeit erziehe,
ist eine Illusion.
Wie leicht gehen wir unter in dem,
was wir glauben,
aber wir glauben es weiter,
auch wenn wir uns selbst damit auslöschen.
Die Wirklichkeit hält uns nicht hoch,
wenn wir uns selbst ertränken wollen.

Zuerst müssen wir im Kopf
auf dem Wasser gehen.
Wir müssen das fremde Element annehmen
und die sanfte Balance
zwischen Schweben und Sinken lieben.
Wenn wir dann endlich hinaustreten,
werden die Wellen fest,
und am Ende werden wir die Küste meiden,
weil Festland den Wasserwanderer
nicht mehr genug herausfordert.

Wer auf dem Wasser gehen will,
muss das Boot verlassen.

Aushalten
Holding on

Perhaps like an angel

Sometimes
like on stilts,
then again in white Reebok sneakers,
like a roebuck,
at other times
with the intensity and firmness
of a giant turtle
pressed against the earth,
and, I hope, some day
like a bald eagle
– above my house it often shows me –,
or even like an angel,
but mostly like a biped,
sometimes tired, and then again full of energy,

that is how I move towards eternity,
this unavoidable goal, this ocean,
from which I am only separated by the surf –
this temporary life
and this vague dying.

Vielleicht wie ein Engel

Manchmal
wie auf Stelzen,
dann wieder in weißen Reebok-Turnschuhen,
wie ein fliegender Rehbock,
ein anderes Mal
mit der Intensität und der Festigkeit
einer Riesenschildkröte
gegen die Erde gedrückt,
und, so hoffe ich, vielleicht auch mal
wie ein Weißkopfadler
– über meinem Haus zeigt er es mir öfter –,
oder gar wie ein Engel,
aber meist wie ein Zweibeiner,
mal müde, mal voller Energie,

so bewege ich mich auf die Ewigkeit zu,
dieses unumgängliche Ziel, dieses Meer,
von dem mich nur die Brandung trennt –
dieses vorläufige Leben
und dieses undeutliche Sterben.

Difficult day

I thank the clouds
for moving in from the ocean today.
Flying low they hide the emptiness,
which works like a mirror
into which I do not want to look today.
I care only for the solid trees
at the edge of the sea,
only they satisfy the appetite of my eyes
for that which is hard and tangible.

I recall those actions of mine
that had a hard-edged body
and left a rough texture
on my lips.
Only they can save me
from the endlessness
of sea and soul.

Schwieriger Tag

Ich danke den Wolken dafür,
dass sie heute vom Meer hereinziehen.
In ihrem tiefen Flug verdecken sie die Leere,
die wie ein Spiegel ist,
in den ich heute nicht sehen möchte.
Mich interessieren nur die festen Bäume
am Rand des Meers,
nur sie befriedigen den Appetit meiner Augen
auf das, was hart und fassbar ist.

Ich erinnere mich an meine Handlungen,
die einen hart-kantigen Körper hatten
und ein raues Gefühl
auf meinen Lippen hinterließen.
Nur sie können mich retten
vor der Endlosigkeit
von See und Seele.

A part of the puzzle

I am beginning to realize more than ever before,
that the number of mornings like this are counted.
One morning will be my last one. Will I know it?

It has been said many times by many
that each day is precious.
Those were their days, their lives, their words –
now it is my turn,
and it will not be enough to relive their lives
and to repeat their statements.

In this knowledge I raise my head into the sun,
I pour my longing into the night,
I watch the red flag of the pileated woodpecker
wave to me and disappear.
I hear the sound of pebbles
as the wave goes out and they tumble after it
on this steep pebble beach.
I hear the silence of the mist rising,
I wait for the call from far beyond anything
that can be seen or heard.

I abandon my longing for everything
to have a meaning that I can understand.
It will be enough to have been here,
to have moved through the spaces,
to have touched and been touched,
to have been a part of the puzzle.
The final struggle is,
to take it like it was,
like it is.

Ein Teil des Puzzles

Ich begreife, mehr denn je,
dass Morgen wie dieser gezählt sind.
Einer wird mein letzter sein. Werde ich es wissen?

Es ist schon oft und von vielen gesagt worden,
dass jeder Tag kostbar ist.
Aber das waren die Tage anderer,
ihre Leben, ihre Worte. Jetzt bin ich dran,
und es genügt nicht, ihr Leben zu leben
und ihre Aussagen zu wiederholen.

In dieser Einsicht hebe ich meinen Kopf in die Sonne,
ich gieße meine Sehnsucht in die Nacht,
ich sehe, wie die rote Fahne des Spechts
mir zuwinkt und verschwindet.
Ich höre das Geräusch der Kiesel,
die der rückläufigen Welle hinterherfallen
an diesem steilen Strand.
Ich höre die Stille des aufsteigenden Nebels,
ich warte auf den Ruf von jenseits
alles Hör- und Sichtbaren.

Ich gebe auf, mich danach zu sehnen,
dass alles einen Sinn hat, den ich verstehen kann.
Es ist genug, hier gewesen zu sein,
die Räume durchquert zu haben,
berührt worden zu sein und berührt zu haben,
ein Teil des Puzzles gewesen zu sein.
Der letzte Kampf ist,
es anzunehmen, wie es war,
wie es ist.

Wide open spaces

With eyes drifting out to sea
I am content to feel
an unpeopled emptiness inside.
I am not owned nor do I own.
I invite Pascal to join me
on my rounds through the inevitable.
He spent his life
describing and defying
the empty spaces of the universe,
the black holes of his soul.
He did not succumb,
but kept on looking,
kept on praying.
Even though I have felt like giving up,
I have continued.
That is where the energy is,
and behind it, if we are lucky,
a distant sun illuminates
meaning.

Weite Ebenen

Meine Augen treiben aufs Meer hinaus.
Ich bin zufrieden,
eine unbevölkerte Leere in mir zu finden.
Ich besitze nicht und werde nicht besessen.
Ich lade Pascal ein
auf meine Runden durch das Unumgängliche.
Er verbrachte sein Leben damit,
sie zu beschreiben und sich ihr zu widersetzen –
der Leere des Universums,
den schwarzen Löchern seiner Seele.
Er gab nicht auf,
suchte weiter,
betete weiter.
Auch wenn ich einmal aufgeben wollte,
habe ich doch weitergemacht.
Von daher kommt Energie,
und hinter ihr, wenn wir Glück haben,
erleuchtet eine ferne Sonne
den Sinn.

Then and now

I don´t have
what I once had.
All shapes have shifted.
Words have dissolved,
the wisdom, the rules, the systems,
the various gospels – they have all gone.
Only hunger has remained.
Now I try only the dark, heavy ryes,
the honey pumpernickel,
the unleavened breads
with their sweet taste of the whole kernel.

In the process I myself am ground to fine flour
between the two large stones
of the mill I have chosen.
But I have, as an immeasurable treasure,
my unfolding life,
resplendent with light, and unbearable
with the weight of the world
at the same time.
Through it, like golden veins,
runs news of god,
as I move through the gospel of my life.

Damals und jetzt

Ich habe nicht mehr, was ich einmal hatte.
Alle Formen haben sich verschoben.
Worte haben sich aufgelöst,
die Weisheit, die Regeln, die Systeme,
die verschiedenen Evangelien –
sie sind alle verschwunden.
Nur Hunger ist geblieben.
Jetzt probiere ich nur noch
die dunklen, schweren Roggenbrote,
die Honigpumpernickel, die ungesäuerten Brote
mit dem süßen Geschmack des vollen Korns.

Dabei werde ich selbst zu feinem Mehl gemahlen
zwischen den zwei großen Steinen der Mühle,
die ich selbst gewählt habe.
Aber ich habe, als unermesslichen Schatz,
mein sich entfaltendes Leben,
erfüllt mit Licht und zur gleichen Zeit
unerträglich mit dem Gewicht der Welt.
Durch mein Leben, wie durch goldene Adern,
läuft die Nachricht von Gott,
während ich durch das Evangelium
meines Lebens ziehe.

Walking

I put on my sneakers,
the ones that walk by themselves.
I shoulder a coat
that takes all weather as a challenge.

On my walks I head for a destination
that escapes all maps.
If I knew my goal, it would be easy.
Do I walk towards that
which I left behind?

The mist over the incoming tide,
the smoke curling up gently
from a brick chimney,
the rush of crows across my path,
the stammering alphabet in my head,
the lament for days, that bears the names
of places and people, sharp as a scalpel,
the fear of the future, with a pain
not unlike that of a wound healing –
they all are part of the mystery.
I take them in and banish them all
in the motion of walking home to myself.

I am wondering
if all, that can really be found and held,
must be as solid as smoke,
as transparent as a mirage,
and as close to us
as our heart, lungs and liver.

Gehen

Ich ziehe meine Turnschuhe an,
die, die von ganz alleine gehen.
Dazu die Jacke,
für die jedes Wetter eine Herausforderung ist.

Auf meinen Spaziergängen habe ich ein Ziel,
das auf keiner Landkarte zu finden ist.
Wenn ich mein Ziel wüsste, hätte ich es leicht.
Gehe ich auf das zu,
was ich hinter mir gelassen habe?

Der Nebel über der hereinkommenden Flut,
der Rauch, der sanft
aus dem gemauerten Schornstein aufsteigt,
der Ansturm von Krähen auf meinen Weg,
das stammelnde Alphabet in meinem Kopf,
die Trauer über Tage, die den Namen von Orten
und Menschen trägt, scharf wie ein Skalpell,
die Angst vor der Zukunft, mit einem Schmerz,
der dem einer heilenden Wunde ähnelt –
sie alle sind ein Teil des Geheimnisses.
Ich nehme sie auf und verbanne sie alle,
in der Bewegung des Gehens,
auf dem Weg nach Hause zu mir selbst.

Ich frage mich, ob alles,
was wirklich gefunden und gehalten werden kann,
so fest sein muss wie Rauch,
so durchsichtig wie eine Fata Morgana
und uns selbst so nah
wie unser Herz, unsere Lunge und Leber.

What is true about me

I have a rich appetite
for the way I could be.
I would like to be golden
in the evening sun,
a blessing to the light
in its singular pursuit of the darkness.
I could be that moment,
when time moves through its transformation
and becomes a liquid kind of love
that will bathe us all.
I am aware that through me flows
a mental incandescence,
in which each problem receives its share
of dedication and release.
My cells house a code
that is no less than the name of god.
I have issued myself a passport,
that elicits smiles at each border I cross.
My heart,
this unique muscle of body and soul,
continues to work through
the alphabets of the world,
in search of its language.

Kajakfahren im Meer im September

Wir kommen um die Spitze einer kleinen Insel
– nicht mehr als eine Gruppe von Steinen,
die die glasige Oberfläche des Meeres durchbrechen,
und mit nur spärlicher Vegetation überzogen –
und sehen den erloschenen Vulkan
aus hundertfünfzig Kilometer Entfernung,
noch weiß von Schnee am Ende des Sommers.
Es ist ein Märchen. So wie wir es sind,
frei schwebend über den Ungeheuern
unter und in uns
an diesem einzigartigen Tag.

Später, bei einer anderen Insel,
spüre ich plötzlich eine kühle Hand
in der Luft, eine kleine Faust,
zu sanft, um sie einen Wind zu nennen,
nur eine vielfingrige unsichtbare Hand,
die mich daran erinnert, dass ich verletzbar bin,
von der Tiefe getrennt
durch eine dünne Haut aus Zeltstoff,
die genug Wasser verdrängt und mir so erlaubt,
nur Zentimeter über dem heißhungrigen Appetit
des Meeres zu schweben.

Coyote

for Christoph Gnieser

I came upon a coyote beside the road
somewhere at the edge of the desert.
He was gently curled up in the grasses,
invisible from the road.
When he saw me, he rose slowly
and trotted away, turning around
to look at me every few of his four-footed paces.
I followed, but when I realized
that he would not let me get near him,
I buried my head in the place where he had lain,
hoping to smell him, to sense his presence
and to be connected to the whole world of instinct,
of total dedication to the moment.
But I could not smell him.
My sophistication stood in the way,
my mind, my language, my reflection.
Only my eyes could read,
could see the depressed grass,
the imprint of his body.
If seeing is believing,
then perhaps smelling is feeling
and touching is knowing.

I stood alone,
being so close and yet so far.

Kojote

für Christoph Gnieser

Ich traf auf einen Kojoten neben der Straße,
irgendwo am Rande der Wüste.
Ganz sanft eingerollt lag er in den Gräsern,
von der Straße nicht sichtbar.
Als er mich sah, erhob er sich,
trottete davon und drehte sich alle paar
seiner vier-füßigen Schritte nach mir um.
Ich folgte ihm, aber als ich merkte,
dass er mich nicht nah an sich heranlassen würde,
vergrub ich meinen Kopf dort, wo er gelegen hatte,
in der Hoffnung, ihn zu riechen,
seine Gegenwart zu spüren und verbunden zu sein
mit der ganzen Welt des Instinkts,
mit dieser gänzlichen Hingabe an den Moment.
Aber ich konnte ihn nicht riechen.
Meine Kultiviertheit stand mir im Weg,
mein Verstand, meine Sprache, meine Reflektiertheit.
Nur meine Augen konnten lesen,
konnten die Vertiefung im Gras sehen,
den Eindruck seines Körpers.
Wenn sehen glauben ist,
dann ist riechen vielleicht fühlen,
und berühren ist wissen.

Ich stand allein,
war so nah und doch so weit weg.

Blackberries

The blackberries love me,
they insist that I stay,
they hang on to me
with a still and persistent violence.
Their thorny tentacles guide me
to their green Eden.

Finally,
when I am adorned
with their delicious redblack blood,
decorated as though I came from battle,
when I am marked and acceptable,
they allow me to escape their devotion.

Tomorrow my legs and arms
will remind me of their love,
to which none compares
and I will reward them
with a luscious memory
of their small black bodies.

Brombeeren

Die Brombeeren lieben mich,
sie bestehen darauf, dass ich bleibe.
Mit einer stillen hartnäckigen Gewalt
halten sie mich fest.
Ihre dornigen Fühler geleiten mich
in ihr grünes Eden.

Endlich,
wenn ich verziert worden bin
mit ihrem schwarzroten Blut,
ausgezeichnet, als käme ich aus einer Schlacht,
wenn ich gekennzeichnet und annehmbar bin,
erlauben sie mir, ihrer Hingabe zu entkommen.

Morgen werden meine Arme und Beine
mich an ihre Liebe erinnern,
die unvergleichlich ist,
und ich werde sie ehren
mit einer süß-saftigen Erinnerung
an ihre kleinen schwarzen Leiber.

Black Pebble Beach, Keats Island

Each of these black stones
could be a beating heart,
finding its lapidary rhythm
far from the restlessness of us,
stilled by its granular structure,
smoothed on the outside
by the haunting of the sea.

When first I saw them,
they seemed richer
than any sparkling precious metal.
They harbor the blackness of the universe,
that surrounds us.
As I stepped on them,
I already had one foot
in the space beyond Pluto
and the world opened up
everywhere.

I took some of the pebbles home
and put them in a clear glass vase.
With this small act I contained the universe
like it contains me.
I keep an eye on the pebbles,
and they, with their moist eyes,
watch me.

Schwarzer Kieselstrand, Keats Island

Jeder dieser schwarzen Steine
könnte ein schlagendes Herz sein,
das seinen steinernen Rhythmus
weit entfernt von unserer Unruhe findet,
beruhigt durch seine körnige Struktur
und außen glattgerieben
durch die geheimnisvolle See.

Als ich sie zuerst sah,
schienen sie mir kostbarer
als glänzendes Edelmetall.
Sie beherbergen die Schwärze des Universums,
die uns umgibt.
Als ich auf sie trat,
hatte ich einen Fuß schon
in dem Raum jenseits von Pluto,
und die Welt tat sich mir auf,
überall.

Ich nahm einige Kiesel mit
und legte sie in eine durchsichtige Glasvase.
Mit dieser Handlung nahm ich das Universum auf,
wie es mich aufnimmt.
Ich behalte die Kiesel im Auge,
und sie, mit ihren feuchten Augen,
beobachten mich.

The grain in my body

While the fresh grain
soaks overnight in water
in a ceramic bowl,
new grain grows
in the expanse of the Canadian prairie.
Wheat, rye, oats, spelt,
recognizable by the stalk
and the kernel.

Tomorrow morning
I will get up
into the light before the bustle
and I will be amazed by the gold of the grains
my body absorbs.

Das Korn in meinem Körper

Während das frische Korn
über Nacht im Wasser
in einer Keramikschüssel weicht,
wächst auf der weiten Prärie Kanadas
neues Korn nach.
Weizen, Roggen, Hafer, Dinkel,
erkennbar am Halm
und am Korn.

Morgen früh
werde ich aufstehen
in das Licht vor der Geschäftigkeit
und staunen über das Gold der Körner,
das mein Körper aufnimmt.

Einen Teil der Welt heilen
Healing a part of the world

Healing a part of the world

Sometimes you and I get nothing done.
We blame ourselves,
we have practiced that for a long time.
We don´t realize what it is
that requires all of our energy:
The heat coming from another continent,
or the humidity produced by the depressed,
or the boat crossing open water.
Or our hands may be bound
by the revolution in a dictatorship
of which we have not heard,
and yet it will only succeed
if we slow down to allow our angels
to work somewhere else at this moment –
notice, the dictator´s soldiers
are putting down their weapons, it is happening.
Or perhaps it is the thought
that someone in China can not complete,
which is begging to be completed
by you in Topeka, Kansas
or by me in Gibsons, BC,
and today this thinking
cannot be accomplished with reason,
it requires the electricty emanating from your heart.

You and I will never know
why we cannot complete what we set out to do,
it is good that way.
Something greater is becoming whole.
Notice the beauty of your limbs
and sense yourself heal a part of the world.

Einen Teil der Welt heilen

Manchmal kriegen wir nichts geschafft.
Wir geben uns selbst die Schuld,
darin sind wir geübt.
Wir merken nicht,
was unsere ganze Energie verlangt:
die Hitze, die von einem anderen Kontinent kommt,
oder die Luftfeuchtigkeit,
die von den Schwermütigen ausgeht,
oder das Boot, das durch offenes Wasser steuert.
Vielleicht sind unsere Hände gebunden
durch die Revolution in einer Diktatur,
die wir nicht kennen,
aber diese Revolution wird nur erfolgreich sein,
wenn wir unseren Engeln erlauben,
jetzt gerade anderswo zu arbeiten –
merkst du, die Soldaten des Diktators
legen ihre Waffen ab, es geschieht tatsächlich.
Oder es ist der Gedanke,
den jemand in China nicht vollenden kann,
der aber vollendet werden will,
von dir in Topeka, Kansas,
oder von mir hier in Gibsons, BC,
und heute schafft der Verstand dieses Denken nicht,
es bedarf der Elektrizität deines Herzens.

Wir werden nie wissen,
warum wir das, was wir uns vornehmen,
nicht fertigstellen. Es ist gut so.
Etwas Größeres wird heil.
Entdecke die Schönheit deiner Glieder
und spüre, wie du einen Teil der Welt heilst.

On the ark of your thoughts

How do we leave the body,
that has locked us in?
Will the spirit break out of prison
and find an open field?
The blackberries have grown up
faster than we could think.
They bloody us at every turn.
We can no longer see the rainbow,
it flickered, went out
and gone was the reconciliation.
We are seldom home to ourselves,
that is our betrayal.
We wound, we chasten, we undermine ourselves
and wonder why the fragile ground under us caves in.

Listen to the world that is sinking like Atlantis,
it has only one shore that will save it: your concern.
Nothing is too small to be respected.
Think the clarity that you so yearn for.
It will feed and not kill you.
On the ark of your thoughts
you will sail into the storm
and neither wind nor flood will harm you.

In der Arche deiner Gedanken

Wie verlassen wir den Körper,
der uns eingeschlossen hat?
Wird der Geist aus dem Gefängnis ausbrechen
und ein offenes Feld finden?
Die Brombeeren sind schneller hochgeschossen,
als wir denken konnten.
An ihnen reißen wir uns blutig mit jeder Bewegung.
Wir können den Regenbogen nicht mehr sehen,
er flackerte, ging aus, und weg war die Versöhnung.
Wir sind uns selten ein Zuhause,
das ist unser Verrat.
Wir verletzen, strafen und untergraben uns selbst
und sind überrascht,
wenn der dünne Boden unter uns einbricht.

Höre auf die Welt, sie sinkt wie Atlantis,
sie hat nur ein Ufer, das sie retten wird:
deine Zuwendung.
Nichts ist zu klein, um respektiert zu werden.
Denke die Klarheit, nach der du dich sehnst.
Sie wird dich füttern, nicht umbringen.
In der Arche deiner Gedanken
wirst du in den Sturm segeln,
und weder Wind noch Flut werden dir schaden.

Being folded into the world

As I move through the forest and clearing,
a little like an intruder, a little like a visitor,
my hands empty, my mind too full,
tied to the words that come or don´t,
I know that all I have to give is my attentiveness,
that most private part of me,
that has no shape and in which I nevertheless
am more who I am,
than in my voice- and thumbprint.

My eyesight travels through the air
like a double rainbow,
I grasp at nothing and touch all,
I don´t hurry the sounds
but follow their natural cadence,
I let the paisleys of smell waft over me.
When I lie in the thick richness of the grass,
each blade greets me from my brother Walt
across the century separating us.
The forest moves into me,
the field of lupines becomes a colorful shelter,
out of me grow branches
ablaze with the song of small birds.

When I am attentive,
the distance to all things shrinks.
I merge with what is,
and get glimpses of what will be.
The world unfolds
and folds me into itself.
I am at home.

In die Welt gefaltet werden

Während ich durch Wald und Lichtung ziehe,
Eindringling und Besucher zugleich,
meine Hände leer, mein Kopf zu voll,
gebunden an die Worte, die kommen oder nicht,
weiß ich, dass ich nur meine Aufmerksamkeit
zu geben habe,
dieses Heimlichste von mir, das keine Form hat
und in dem ich doch mehr ich selbst bin
als in meiner Stimme oder meinem Fingerabdruck.

Mein Augenlicht reist durch die Luft
wie ein doppelter Regenbogen,
ich halte nichts fest und berühre alles,
ich jage die Geräusche nicht,
sondern folge ihrem natürlichen Rhythmus.
Ich lasse die Gerüche über mich schwappen.
Wenn ich im dichten, reichen Gras liege,
grüßt mich jeder Halm von meinem Bruder Walt,
über das Jahrhundert hinweg, das uns trennt.
Der Wald dringt in mich ein,
das Lupinenfeld wird ein bunter Zufluchtsort,
Äste wachsen aus mir hinaus,
erleuchtet von den Liedern kleiner Vögel.

Wenn ich aufmerksam bin,
schrumpft die Entfernung zu allen Dingen.
Ich verschmelze mit dem, was ist,
und bekomme einen flüchtigen Einblick
in das, was sein wird. Die Welt entfaltet sich
und faltet mich in sich hinein.
Ich bin zu Hause.

It matters

Don´t discard it,
it grew in your thoughts.
Listen to the bark below the din,
it is not canine –
if you neglect it, it will not warn you again.
Harness your yearning.
Give yourself to the tide,
it will take out, what it brought in.
Wait for the moon to be full
before you howl.
Let the others see your cards,
it is not about winning. It really isn´t.
When you are stranded,
the discovery can begin.
You are the bigger picture
that you keep forgetting.

Es macht etwas aus

Tu es nicht ab,
es wuchs in deinen Gedanken.
Achte auf das Bellen in dem Lärm,
es stammt nicht von einem Hund –
wenn du es nicht ernst nimmst,
wird es dich nicht noch einmal warnen.
Spanne deine Sehnsucht an.
Übergib dich der Flut,
sie nimmt wieder mit, was sie hereinbrachte.
Warte auf den Vollmond, bevor du heulst.
Lass die anderen in deine Karten sehen,
es geht nicht ums Gewinnen. Wirklich nicht.
Wenn du gestrandet bist,
kann die Entdeckung beginnen.
Du bist der größere Rahmen,
den du immer wieder vergisst.

Whether you are twenty or seventy

What you have, now,
at the end of the day,
is all you have. Life is not more,
unless you want to get lost in some future,
under the thumb of your mind.
It is not real.
What wells up in you, like the kelp in the sea
when under the surface monsters arise,
that is real.
Let´s take the evening
and lean into it. It is not work,
when you are used to it.

The Unfolding will happen,
right where you are –
in the promising light of dusk,
in the words you weigh down like a ferry,
as they cross the abyss to the others,
in the images that dance through you
as though they were paint abandoned in water,
in the holy foliage in which a solitary bird
practices its craft,
they will all fold open and reveal
what you have yearned for.
It does not matter
whether you are twenty or seventy –
the world is waiting to be seized and let go,
all in one elegant motion,
so unique to you
that no one can take your place.

Ob du zwanzig oder siebzig bist

Was du besitzt, jetzt,
am Ende des Tages,
ist alles, was du hast. Mehr ist das Leben nicht,
außer dass du dich in der Zukunft verlieren willst,
unter dem Daumen deines Verstandes.
Es ist nicht wirklich.
Was in dir aufsteigt, wie der Riesentang im Meer,
wenn unter der Oberfläche
die Ungeheuer aufsteigen, das ist wirklich.
Komm, nehmen wir den Abend
und lehnen uns in ihn hinein.
Es nicht schwer, wenn du es gewohnt bist.

Das Entfalten wird geschehen,
gerade da, wo du stehst,
im Abendlicht, voller Versprechen,
in den Worten, die du beschwerst wie eine Fähre,
während sie den Abgrund zu anderen überqueren,
in den Bildern, die durch dich hindurchtanzen,
als wären sie verlassene Farben im Wasser,
im heiligen Laubwerk,
wo ein einzelner Vogel seine Kunst übt,
sie alle werden sich auffalten und offenbaren,
wonach du dich gesehnt hast.
Ganz gleich, ob du zwanzig oder siebzig bist –
die Welt wartet darauf,
erfasst und losgelassen zu werden,
in einer eleganten Bewegung,
wie nur du sie ausführen kannst.
Niemand kann dich ersetzen.

The endless horizon

I send myself out to sea,
at first in a kayak – a skimmer of waves,
then in a working tug,
hauling hundreds of logs,
in a sailboat on airy days,
driven by the gift of the wind.
I touch only the skin of the deep,
and let its monsters rest.
My keel scratches the surface,
but my passage is traceless.

I am attracted by the endless horizon,
in which worlds hide within worlds.
If my compass is true
and I take the right turns
I will not touch land.
I will stay on the blue
and climb the waves like stairs,
the largest, south of Tierra del Fuego,
will be no more than small hills.

I have taken the first step:
I have moved to the edge of the sea.
Any day now I will begin my walk.
Watch for me from your shore,
you can recognize me by the green bottle,
in which I carry a message
for you.

Der endlose Horizont

Ich schicke mich selbst auf die See,
zuerst in einem Kajak – ein Wellenspringer,
dann in einem Schlepper,
der ein Floß mit Hunderten von Bäumen zieht,
an luftigen Tagen ein Segelboot,
getrieben durch das Geschenk des Windes.
Ich berühre nur die Haut der Tiefe
und lasse die Ungeheuer schlafen.
Mein Kiel ritzt die Oberfläche,
aber meine Fahrt bleibt ohne Spur.

Ich bin angezogen von dem endlosen Horizont,
in dem Welten sich in Welten verstecken.
Wenn mein Kompass stimmt
und ich richtig abbiege,
werde ich kein Land berühren.
Ich werde auf dem Blau bleiben
und die Wellen wie Stufen ersteigen,
die größten, südlich von Tierra del Fuego,
werden nicht mehr als kleine Hügel sein.

Ich habe den ersten Schritt gemacht.
Ich bin ans Meer gezogen.
Bald werde ich meine Wanderschaft antreten.
Achte auf mich von deiner Küste aus,
du kannst mich an der grünen Flasche erkennen,
in ihr trage ich eine Botschaft
für dich.

Morning poem

When I awake
I am still enveloped in a cocoon of safety.
I can think in every direction
and not be barked back.
A gentle light from my mind
falls on the things that want to be noticed:
the angle of the drapes,
the color of the down comforter,
the offering of the clouds over the ocean,
my body, not yet at home in itself.

I ease myself into the world
that is strange, and yet
has been the place of my loving concentration
for the last fifty-four years.
I try to love, what I don´t understand,
to walk in the shoes of things that have no feet,
and to see through the eyes of the eyeless.
I let the fog glide through me,
I feel the kinship of my tears
with the saltwater of the bay,
I sense the stubs of my wings
as I watch ravens chase an eagle.
In a sleight of hand I assign meaning to everything,
in order to escape from the questions
that, like a pack of wolves, hunt me.

The bedroom door is open a crack,
wide enough for me to slide through
into the wisdom of this day.

Morgengedicht

Wenn ich aufwache,
bin ich noch umgeben von einem sicheren Kokon.
In kann in jede Richtung denken
und werde nicht zurückgebellt.
Ein sanftes Licht von meinem Geist
fällt auf die Dinge, die gesehen werden wollen:
der Winkel der Gardinen,
die Farbe der Daunendecke,
das Angebot der Wolken über dem Meer,
mein Körper, noch nicht in sich selbst zu Hause.

Langsam bewege ich mich in die Welt hinein,
die fremd ist und doch seit vierundfünfzig Jahren
Ort meiner liebenden Konzentration.
Ich versuche zu lieben, was ich nicht verstehe,
in den Schuhen derer zu gehen,
die keine Füße haben,
und durch die Augen der Augenlosen zu sehen.
Ich lasse den Nebel durch mich hindurchziehen,
ich fühle die Verwandtschaft meiner Tränen
mit dem Salzwasser der Bucht,
ich fühle die Stummel meiner Flügel,
während ich zusehe, wie Krähen einen Adler jagen.
Mir gelingt das Kunststück, allem Bedeutung zu geben,
um den Fragen zu entkommen,
die mich jagen wie ein Rudel Wölfe.

Die Schlafzimmertür ist einen Spalt offen,
weit genug, um hindurchzuschlüpfen
in die Weisheit dieses Tages.

Baggy old sweater

It´s getting more and more
like a baggy old sweater,
the life I am settling into. I let go of things,
I hear them disappear in the distance.

The sleeves are a little too long,
but I like it when they hang over my hands
and only the tips of the fingers look out –
it gives my soul a hiding place.
I don´t get lost in its bigness either,
it´s just comfortable. When I talk to myself now,
I listen. It´s good to hear that familiar voice.

In the morning
I don´t have to worry about what to wear,
I just slip into the sweater – that´s my faith.
No tight-fitting dogma for me.
There is still room to spread out in it,
the wool gives, it adapts to my shape.

It seems that the days are shorter now,
and a little colder, perhaps.
My head feels it, but my body stays warm.
When I swim in the ocean,
that place of frightening ideas, you know,
I get chilled to the bone,
but when I come back, I am warm again quickly
in my baggy old sweater.

In fact, I would like to be buried in this sweater.
But not just yet.

Alter schlabbriger Pullover

Es wird mehr und mehr
wie ein alter schlabbriger Pullover,
das Leben, in dem ich mich wohl fühle.
Ich lasse Dinge los, ich höre sie verschwinden.

Die Ärmel sind ein wenig zu lang,
aber ich mag es, wenn sie mir über die Hände hängen
und nur die Fingerspitzen zu sehen sind –
das gibt meiner Seele ein Versteck.
Ich verliere mich auch nicht in seiner Größe,
er ist nur gemütlich. Wenn ich jetzt mit mir rede,
höre ich mich. Ich lausche der bekannten Stimme gern.

Morgens brauche ich mir keine Sorgen zu machen,
was ich tragen werde,
ich schlüpfe in den Pullover – das ist mein Glaube.
Kein eng anliegendes Dogma für mich.
Es ist genug Platz, um mich auszubreiten,
die Wolle gibt nach, sie passt sich meiner Form an.

Die Tage scheinen jetzt kürzer zu sein,
und vielleicht ein wenig kälter.
Mein Kopf spürt es, aber mein Körper bleibt warm.
Wenn ich im Meer schwimme,
weißt du, in dem Ort der beängstigenden Ideen,
dringt die Kälte mir bis in die Knochen,
aber danach wird mir schnell wieder warm
in meinem alten, schlabbrigen Pullover.

Ich möchte in diesem Pullover beerdigt werden.
Aber noch nicht so bald.

Big windows

Five men are building a house.
It is to be the house of one of them.
The building is proceeding slowly,
they can only work in their spare time.
Each is building a piece of himself
into the friend´s house.
In their deliberate movements,
in their joking and their bright eyes
they give themselves away.
As they apply their skills,
they sometimes drift away from who they are,
to who they might become.

They never talk about
what it means to build,
they just do it.
Later it will not be apparent
who added what when and where.
The house will stand visibly,
because of their invisible love –
the poured concrete footings of love,
the wood-framed skeleton of love,
the siding and roofing shingles of love,
the exhausts and vents of love,
the curving driveway of love,
the view into the distance
from the big windows of love.

Große Fenster

Fünf Männer bauen ein Haus.
Es soll das Haus von einem von ihnen werden.
Es geht langsam voran,
sie können nur in ihrer Freizeit arbeiten.
Jeder von ihnen baut ein Stück von sich selbst
in das Haus des Freundes ein.
In ihren entschiedenen Bewegungen,
in ihrem Witzeln, ihren leuchtenden Augen
verraten sie sich selbst.
Während sie ihre Fähigkeiten einbringen,
entfernen sie sich manchmal von dem, was sie sind,
und denken an das, was sie werden könnten.

Sie sprechen nie darüber,
was es heißt, zu bauen,
sie tun es einfach.
Später wird es nicht erkennbar sein,
wer was, wann und wo zum Haus hinzugefügt hat.
Das Haus wird sichtbar stehen,
wegen ihrer unsichtbaren Liebe –
das gegossene Fundament der Liebe,
das hölzerne Gebälk der Liebe,
die Dachschindeln und die Holzverkleidung der Liebe,
die Lüftungsschächte der Liebe,
die kurvige Auffahrt der Liebe
und der Blick in die Ferne
durch die großen Fenster der Liebe.

Whether we still have a heart

How good
that interruptions occur,
which open that which is locked,
the eyes, the mouth, the head,
above all the head.

How good,
that there are sharps points and hard edges,
even if they sometimes dig into our flesh,
as though they were searching
whether we still have a heart,
or if there is nothing,
where it used to be.

Ob wir noch ein Herz haben

Wie gut,
dass Störungen geschehen
und das Verschlossene öffnen,
die Augen, den Mund, den Kopf,
vor allem den Kopf.

Wie gut,
dass es scharfe Spitzen und harte Kanten gibt,
auch wenn sie sich manchmal ins Fleisch bohren,
als forschten sie,
ob wir noch ein Herz haben,
oder ob nichts mehr ist,
wo es zu sein pflegte.

Silent appreciation

It is love again
that at the end of the day
touches the things one more time.
Love gathers them in
and leads them to their goals:
the wind to the tree,
which has waited silently
and now displays its instruments;
the warmth of rooms
to their inhabitants,
which feel well and take off their sweaters;
the left hand to the right,
to let them touch
in a silent honoring of skin;

eyes to eyes,
questions to answers,
lips to lips,
the bird to the branch
and the whale to its song.

In love things exist
in their breadth and depth,
without comparison
and without emphasizing their value.
There is room for everything in the memory of love
and nothing is lost.

Lautlose Würdigung

Es ist wieder die Liebe,
die die Dinge noch einmal berührt
am Ende dieses Tages.
Sie sammelt sie ein
und führt sie ihren Zielen zu:
den Wind zum Baum,
der stumm gewartet hat
und jetzt seine Instrumente hervorkramt;
die Wärme der Wohnung
zu ihren Bewohnern, die sich wohl fühlen
und ihre Pullover ausziehen;
die linke Hand zur rechten,
damit sie einander berühren
in der stillen Würdigung der Haut;

Augen zu Augen,
Fragen zu Antworten,
Lippen zu Lippen,
den Vogel zum Ast,
und den Wal zu seinem Lied.

In der Liebe bestehen die Dinge
in ihrer ganzen Höhe und Tiefe,
ohne Vergleich
und ohne ihren Wert zu beteuern.
Alles hat Platz in der Erinnerung der Liebe,
und nichts geht verloren.

Inhalt

Die Erde lieben/Loving the earth

Einen Teil der Welt heilen/Healing a part of the world

Ulrich Schaffer wurde 1942 geboren und lebt als freier Schriftsteller und Fotograf in Gibsons, BC, Kanada.
Von 1961 bis 1970 studierte er Germanistik und Anglistik an der University of British Columbia und der Universität Hamburg. Von 1970 bis 1981 war er Dozent für europäische Literatur an einem College bei Vancouver. Er ist Autor zahlreicher Bücher, die ihn bei einem breiten Publikum, besonders in Europa, bekannt gemacht haben.
Ulrich Schaffer ist verheiratet und hat zwei erwachsene Töchter.

Ulrich Schaffer was born in 1942 and lives as writer and photographer in Gibsons, BC, Canada.
From 1961 to 1970 he studied German and English literature at the University of British Columbia and at the University of Hamburg. From 1970 to 1981 he was lecturer in European literature at a college near Vancouver. He is the author of many books which have gained him a large readership, particularly in Europe.
Ulrich Schaffer is married and has two grown daughters.

Die Deutsche Bibliothek – CIP-Einheitsaufnahme
Schaffer, Ulrich:
Herzarbeit: zweisprachiger Gedichtband / Ulrich Schafffer.
– Stuttgart: Kreuz-Verl., 1998
(Edition Schaffer)
ISBN 3-7831-1616-3

1 2 3 4 5 02 01 00 99 98

Stuttgart, Postfach 80 06 69, 70506 Stuttgart,
Tel.: 0711/78 80 30
Umschlaggestaltung: Ulrich Schaffer
Umschlagfoto: Ulrich Schaffer, "Rinde eines
Arbutusbaumes", Gibsons, BC, Kanada
Konzeption, Gestaltung und Layout:
Ulrich Schaffer, unter Verwendung des Software-
Programms QuarkXPress
Initialen: handgemalt von Friedrich Peter
Autorenfoto: Margaret Carter
Schrift: Palatino 10.5/11.5
Druck und Bindung: Wilh. Röck, Weinsberg
ISBN 3 7831 1616 3

Weitere Bücher von Ulrich Schaffer

In der Dichte des Lebens
Ein tägliches Nachdenkbuch
mit Grafiken des Autors
392 Seiten, Hardcover

Dieses Buch ist für Menschen gedacht, die sich regelmäßig einen kleinen Anlass zum Nachdenken wünschen. Einfühlsame meditative Texte laden dazu ein, in der Hektik des Alltags innezuhalten und die Gedanken in sich zum Leben zu erwecken. Das Buch soll dazu anleiten, jeden Tag wenigstens für ein paar Minuten zur Ruhe und Besinnung zu kommen.

Im Schutz des Herzens
Roman
240 Seiten, Hardcover mit Schutzumschlag

Ein Vater schreibt an seine Tochter, als diese von Kanada zum Studium nach Deutschland geht. In den Briefen erklärt er ihr die Familie, aus der sie stammt, um ihr eine innere Heimat in dieser Familie zu schaffen. Der Vater berührt dabei viele Themen und spürt, wie er selbst gefangen ist in seiner eigenen Geschichte. Es ist ein Buch voller spannender Begebenheiten und doch ein sanftes Buch mit einer tiefen Achtung für den Menschen.

Höre auf dein Leben
Gedichte und Meditationen
96 Seiten, Paperback

Viele Menschen hören nicht auf sich. Die eigene innere Stimme ist ihnen fast unbekannt. Sie glauben nicht, dass wichtig ist, was sie denken, glauben, fühlen. Dieses Buch macht Mut, auf sich selbst zu hören und das Gehörte ernst zu nehmen. Nur so ernst, wie wir uns selbst nehmen, werden uns auch andere nehmen. Die Leserin und der Leser werden eingeladen, gerade auch auf das zu achten, was so leicht untergeht in der täglichen Hast.

Geheimnisvolle Zusammenhänge
Bild-Textband im Großformat
96 Seiten mit 40 Farbfotos, Hardcover

Wir sind umgeben von Geheimnissen. In einer fast nicht zu begreifenden Tiefe ist alles mit allem verbunden. Davon handelt dieses Buch. Bewusst mit dem Geheimnis zu leben heißt, angeschlossen zu sein an etwas Größeres. Die brillanten Farbfotos des Autors von der Wüste Nordamerikas machen etwas von diesem Geheimnis sichtbar.